T0084311

Händel for Guitar

33 Transkriptionen für Gitarre
33 Transcriptions for Guitar
33 Transcriptions pour Guitare

von / by / par
Martin Hegel

ED 22319
ISMN 979-0-001-20403-3

Cover:
Georg Friedrich Händel,
Ölgemälde von Thomas Hudson (1749)

www.schott-music.com

Mainz · London · Berlin · Madrid · New York · Paris · Prague · Tokyo · Toronto
© 2015 SCHOTT MUSIC GmbH & Co. KG, Mainz · Printed in Germany

Vorwort

Georg Friedrich Händel (1685–1759) ist neben J. S. Bach ohne Zweifel der bedeutendste Komponist des Barock. Zu den Vorzügen seiner Musik gehört, dass sie universal ist und zu einem gewissen Teil unabhängig von den Instrumenten, für die sie komponiert wurde. Mit wenigen Tönen entsteht bei ihm eine wunderbare Musik. Er wusste hervorragend, wie man Emotionen in Musik ausdrückt und wie bestimmte Effekte musikalisch erzielt werden. Durch seinen melodischen Erfindungsgeist sowie seiner eleganten Kontrapunktik ist eine Musik „aus einem Guss" entstanden, die auf jedem Instrument einfach gut klingt. Daher werden es sicher auch die Gitarristen zu schätzen wissen, dass sie diese großartige Musik auf ihrem Instrument spielen können.

Die vorliegende Sammlung enthält zum einen Händels bekannteste Werke und Melodien, zum anderen wurde auf eine Auswahl leicht spielbarer Stücke geachtet, die einen guten Einstieg in seine Musik darstellen. Die Auswahl enthält viele Werke, die mittlerweile zu Klassikern des Gitarrenrepertoires zählen. Es sind Werke, die original für die unterschiedlichsten Instrumente und Besetzungen komponiert wurden (Orchestermusik, Cembalomusik, Vokalmusik usw.), sich aber sehr gut auf der Gitarre realisieren lassen und eine Bereicherung für das Unterrichts- und Konzertrepertoire sind.

Viele von Händels Werken, wie überhaupt die polyphone Musik des Barock, lassen generell nur wenige Eingriffe zu. Daher wurde stets darauf geachtet, den musikalischen Satz des Originalwerks behutsam an die Gitarre anzupassen. Die so entstandenen Transkriptionen und Arrangements sollten dabei immer gut spielbar bleiben und die Gitarre nicht überfordern. Vor allem die leichteren Cembalowerke konnten – bis auf eventuelle Tonartwechsel und einige Oktavierungen – nahezu eins zu eins übertragen werden. Bei den groß besetzten Orchesterstücken musste der kompositorische Satz etwas reduziert werden. Dabei wurde darauf geachtet, dass die Gitarre weder unter- noch überfordert wird und die musikalische Intention bzw. der Grundgedanke der melodischen und harmonischen Idee des Originals immer beibehalten wird.

Die meisten Verzierungen sind in der Regel optional angegeben. Dem ambitionierten und versierten Spieler sind diesbezüglich selbstverständlich keine Grenzen gesetzt und hier bleibt genügend Raum für eigene Ideen, entsprechend der Verzierungspraxis der Barockzeit.

Martin Hegel

Preface

George Frederick Handel (1685–1759) is without doubt the most important composer of the Baroque era besides Bach. Among the merits of his music is a universal quality that makes it to some degree independent of the instruments for which it was composed. With just a few notes Handel created wonderful music: he had an exceptional ability to express emotions and produce specific effects by musical means. With his melodic inventiveness and elegant counterpoint he composed flawless music that sounds good on any instrument. Guitarists too will surely welcome being able to play this wonderful music on their instrument.

The present collection contains some of Handel's best-known works and melodies, along with a selection of easily playable pieces that offer a good introduction to his music. This selection includes many pieces that have since become classics of the guitar repertoire. These pieces were originally written for various different instruments and ensembles (orchestral music, harpsichord pieces, vocal compositions etc.), but can be performed very effectively on the guitar, making a valuable addition to the repertoire for tuition purposes and concert performance.

In common with other polyphonic music of the Baroque era, many of Handel's works do not admit many changes, so the focus here has been on careful adaptation for guitar of the original musical setting. The resulting transcriptions and arrangements should not be too difficult to play on the guitar.

It has been possible to transcribe the easier harpsichord pieces, in particular, practically note for note – with occasional key changes and a few octave transpositions. With large-scale orchestral works the texture has had to be somewhat simplified, taking care not to make the music too easy or too difficult for the guitarist, while preserving the underlying concept of the original melodic and harmonic structure.

Most of the ornaments are given as optional. Of course no limits are placed in this respect on ambitious and accomplished players, leaving enough scope for individual interpretation of ornaments in accordance with the conventions of the Baroque era.

Martin Hegel
Translation Julia Rushworth

Menuet
HWV 450

Georg Friedrich Händel
1685 - 1759
Arr.: Martin Hegel

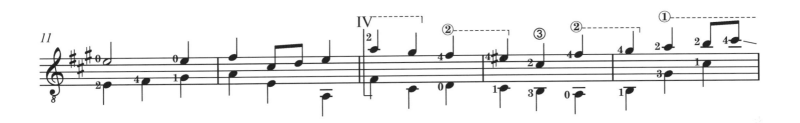

aus / from: Partita in G, HWV 450

Passepied
HWV 560

Georg Friedrich Händel
Arr.: Martin Hegel

Passepied
HWV 559

Georg Friedrich Händel
Arr.: Martin Hegel

Menuett
HWV 516a

Georg Friedrich Händel
Arr.: Martin Hegel

5 Stücke für / 5 Pieces for "Musical Clock"

I. Menuet
HWV 603

Georg Friedrich Händel
Arr.: Martin Hegel

II. Air
HWV 604

III. Giga
HWV 599

IV. Prelude
HWV 598

8

V. Gavotte
aus / from: HWV 578

Gavotte
HWV 491

Georg Friedrich Händel
Arr.: Martin Hegel

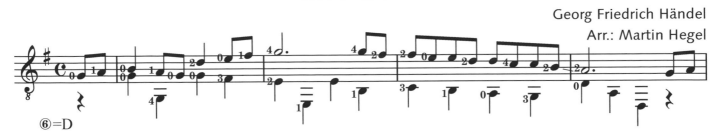

Sarabande I & II
HWV 448

Georg Friedrich Händel
Arr.: Martin Hegel

aus / from: Suite in d, HWV 448

Sarabande II

12

Air
HWV 461

Georg Friedrich Händel
Arr.: Martin Hegel

Impertinence
HWV 494

Georg Friedrich Händel
Arr.: Martin Hegel

Air
HWV 471

Georg Friedrich Händel
Arr.: Martin Hegel

Toccata
HWV 586

Georg Friedrich Händel
Arr.: Martin Hegel

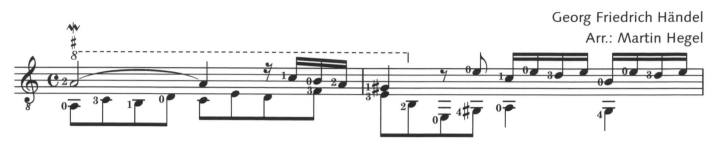

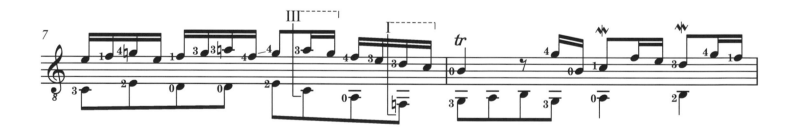

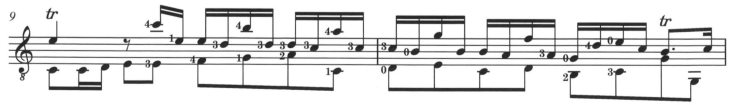

Ombra mai fù
HWV 40

Georg Friedrich Händel
Arr.: Martin Hegel

aus / from: Xerxes, HWV 40

Lascia ch'io pianga
HWV 7

Georg Friedrich Händel
Arr.: Martin Hegel

aus / from: Rinaldo, HWV 7

Air & Alla Hornpipe
HWV 348 / 349

Georg Friedrich Händel
Arr.: Martin Hegel

aus / from: Water Music, HWV 348 / 349

Alla Hornpipe

⑥=D

Entrée
HWV 453

Georg Friedrich Händel
Arr.: Martin Hegel

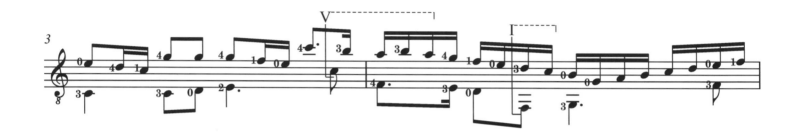

aus / from: Suite in g, HWV 453

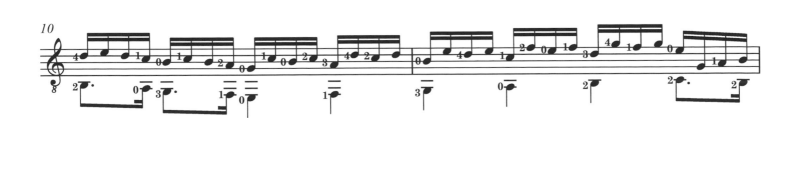

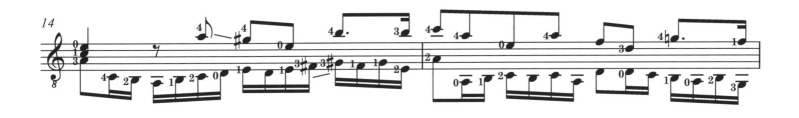

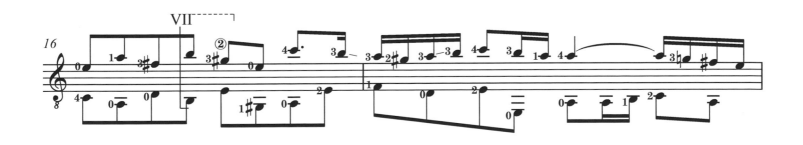

Suite de pièces No. 4
HWV 437

I. Allemand

Georg Friedrich Händel
Arr.: Martin Hegel

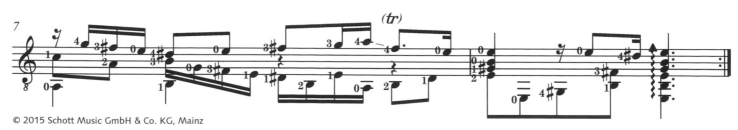

Originaltonart: d-Moll / Original key: D minor

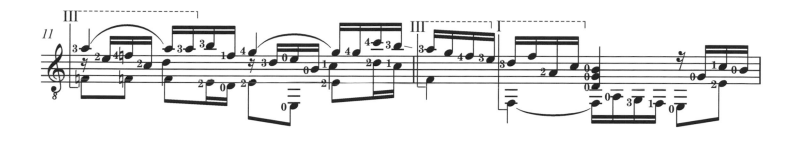

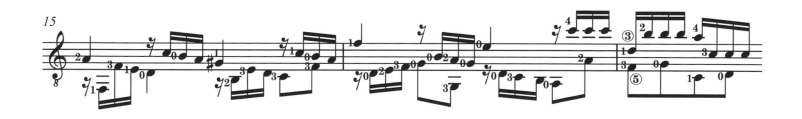

II. Corrant

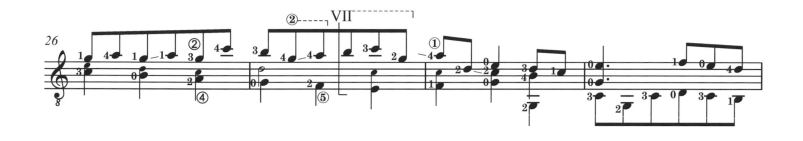

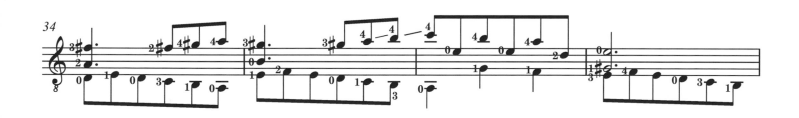

III. Saraband

IV. Jigg

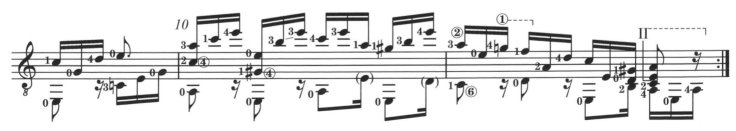

Menuet
HWV 434

Georg Friedrich Händel
Arr.: Martin Hegel

Menuet & La Rejouissance
HWV 351

Georg Friedrich Händel
Arr.: Martin Hegel

aus / from: Music for the Royal Fireworks, HWV 351

Allemande
HWV 478

Georg Friedrich Händel
Arr.: Martin Hegel

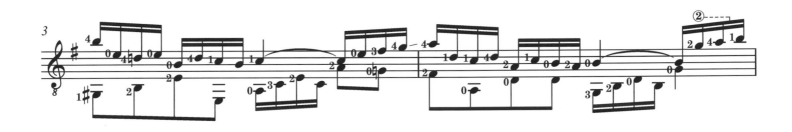

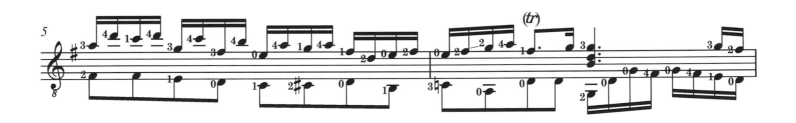

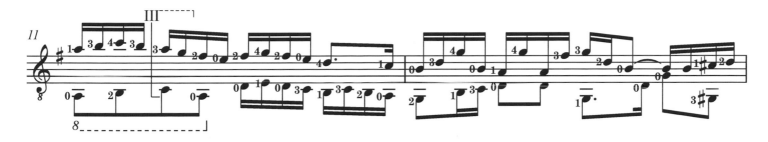

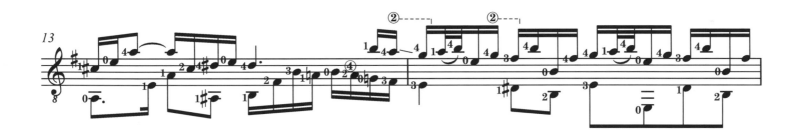

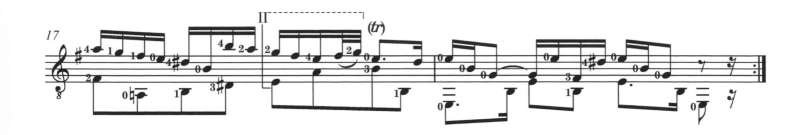

Corante
HWV 441

Georg Friedrich Händel

Arr.: Martin Hegel

aus / from: Suite de pièces in G, HWV 441

Air (mit Variationen)
HWV 430

Georg Friedrich Händel
Arr.: Martin Hegel

aus / from: Suite de pièces in E „The Harmonious Blacksmith", HWV 430

Chaconne
HWV 448

Georg Friedrich Händel
Arr. Martin Hegel

Variation 1

Variation 2

Variation 3

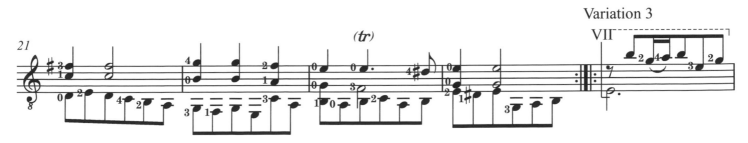

aus / from: Suite in d, HWV 448

Passacaille
HWV 432

Georg Friedrich Händel

Arr. Martin Hegel

aus / from: Suite de pièces in g, HWV 432

Inhalt / Contents